안식의 날
: 제4계명의 재발견

안식의 날

지은이   이안 H. 머레이
펴낸이   김종진
디자인   임현주
초판 발행 2022. 7. 26
등록번호 제2018-000357호
등록된 곳 서울특별시 강남구 선릉로107길 15, 202호
발행처   개혁된실천사
전화번호 02)6052-9696
이메일   mail@dailylearning.co.kr
웹사이트 www.dailylearning.co.kr

책값은 뒤표지에 있습니다.
ISBN 979-11-89697-27-3 03230

안식의 날
제4계명의 재발견

이안 H. 머레이 지음

목차

서론
: 안식의 의미

"하나님이 그 일곱째 날을 복되게 하사 거룩하게 하셨으니 이는 하나님이 그 창조하시며 만드시던 모든 일을 마치시고 그날에 안식하셨음이니라"(창세기 2:3)

하나님에 관하여 무엇을 믿느냐는 문제는 인생에 있어서 가장 중요한 일이다. 인간은 성경이 전해 주는 하나님에 관한 참된 지식을 필요로 한다. 성경은 하나님이 직접 말씀하신 하나님의 계시로서, 성경 안에는 하나님의 존재being와 본성에 관한 진리가 계시되어 있으며 우리 신앙의 토대를 이루는 여러 선언들이 들어 있다. 위에 기록된 창세기 2:3 본문은 그런 선언들 중 하나로서 기독교 신앙의 가장 기초를 이룬다. 이 구절은 성경 전체를 관통하는 두 개의 단어를 도입하고 있다. 그것은 **거룩하게 하다** sanctify라는 단어와 **안식하다** rest라는 단어이다.[1] 이 두 단어 모두 하나님에 관해 말해 주고 있다.

첫 번째 단어 **거룩하게 하다** sanctify는 '거룩하게 만들다' make holy, '분리하다' separate, '따로 떼어놓다' set apart라는 뜻을 갖는다. 하나님 자신이 거룩하시며, 거룩함은 오로지 하나님에게 속한 하나님의 칭호이다. 하나님이 어떤 대상을 거룩하게 하신다는 것은 그것을 하나님 자신에게 속하게 하는 것을 의미한다. 따라서 하나님이 일곱째 날을 거룩하게 하셨다는 것은 그날을 특별한 방식으로 자신에게 속하게 하셨다는 것을 의미한다. "하나님이 그 일곱째 날을 복되게 하사 거룩하게 하셨으니."

---

1. 나는 여기서 창세기의 창조 기사의 역사성을 방어하는 데에는 관심을 두지 않는다. 성경에 따르면, 창조에 대한 지식은 믿음으로 말미암으며(히 11:3), 믿음은 신자를 죽음에서 생명으로 옮기는 하나님의 능력(고후 4:6, 이 능력은 세상을 창조하신 능력과 동일한 능력이다)에 의해 생겨난다. 그리스도께서는 창세기 2장 말씀이 창조주에게서 비롯된 것이라고 말씀한다(마 19:4-5). "하나님의 아들을 믿는 자는 자기 안에 증거가 있다"(요일 5:10).

세상 창조 이후에 두 번째 단어 **안식하다** ^{rest}가 바로 등장한다. 창조 후에 하나님은 '안식하셨다'. 원어에 더 부합하는 단어는 'rest'가 아닌 'sabbatise'라는 단어이다. 이 단어에서 '안식일' ^{sabbath}이라는 단어가 유래하였다. 하나님이 안식하셨다는 구절은 모순처럼 느껴진다. 어떻게 전능하신 하나님이 안식하실 수 있나? 성경 다른 곳에서 하나님은 피곤하지 않으시며 곤비하지 않으신 하나님으로 계시되어 있지 않은가(사 40:28)? 게다가 하나님이 일곱째 날에도 이 여전히 일하신다는 그리스도의 말씀도 있다(요 5:17).

안식하다라는 단어를 제대로 이해하면 이런 문제가 해결된다. 이 단어는 소극적인 '비활동성'을 의미하지 않는다. 이는 자신의 창조를 반추하시는 하나님의 적극적 활동과 관련되어 있다.

창세기 1:4-2:5에는 "보시기에 좋았더라"라는 말이 여섯 번 등장한다. 예를 들어, 1장은 이렇게 끝맺는다. "하나님이 지으신 그 모든 것을 보시니 보시기에 심히 좋았더라 저녁이 되고 아침이 되니 이는 여섯째 날이니라"(창 1:31). 모든 것이 좋았다. 모든 것이 창조 목적대로 하나님의 영광을 드러내고 있었기 때문이다. "하늘이 하나님의 영광을 선포하고 궁창이 그의 손으로 하신 일을 나타내는 도다"(시 19:1). 세상은 하나님의 성전이다. "그의 성전에서 그의 모든 것들이 말하기를 영광이라 하도다"(시 29:9).

창조 세계의 신묘막측함은 (꽃과 새로부터 태양과 가장 먼 은하에 이르기까지) 사람에게 하나님의 위대하심과 지혜로우심과 선하심을 선포한다. 만물이 하나님으로 말미암았으며, 하나님은 이 모든 것들로 인해 찬양을 받으셔야 마땅하다.

'하나님이 안식하셨다'는 어구는 하나님이 자신이 완성하신 피조세계를 돌아보시면서 만족을 얻으셨다는 것을 의미한다. 하나님은 피조세계 안에서 기쁨을 얻으셨다. 하나님은 자신의 영광을 기뻐하시기 때문이다. 다시 말해, 하나님의 안식은 하나님 자신 안에서의 안식이다.[2] 오래 전에,

---

2. "여호와가…쉬었음이라"(출 31:17)라는 말씀에 대해 게할더스 보스는 이렇게 말했다. "성경에 나오는 '안식하다'라는 말은 사실 셈족 언어에서 소극적인 의미가 아닌 적극적인 의미를 갖는다. 그것은 일의 완수와 그로 인한 기쁨과 만족을 나타낸다."(*Biblical Theology*, Edinburgh, Banner of Truth, 1974, p. 140). "그분은 그분이 행하신 일 안에서 대단히 만족하셨는데, 그 일이 자신의 목적에 온전히 부합하였기 때문이다. 그분의 목적이란 자신의 위대하심, 선하심, 지혜를 이성적인 피조물에게 나타내시는 것이었다."(John Owen, 'Exercitations Concerning the Name, Original, Nature, Use, and Continuance of a Day of Sacred Rest', *Exposition of Hebrews* (repr. Edinburgh: Banner of Truth, 1991), vol. 2, p. 334).

아우구스티누스는 그 의미를 깨닫고 이렇게 기도했다.

"참으로 좋았던 하나님의 창조 사역 이후에, 하나님은 일곱째 날에 안식하셨습니다. 하나님은 창조하시는 동안에도 결코 중단 없는 안식 가운데 그 일을 하셨지만, 특별히 일곱째 날에 안식하셨습니다…하나님은 선 그 자체이시며 안식이 필요없는 분이지만 하나님은 항상 안식하십니다. 이는 하나님 자신이 하나님의 안식이시기 때문입니다."[3]

---

3. Augustine, *Confessions and Enchiridion*, Library of Christian Classics, ed. Albert C. Outler (London: SCM, 1955), p. 332.

1장
창세기 2장 3절은
우리를 위한 구절인가?

하나님은 왜 일곱째 날을 구별하여 안식하시고 그 사실을 굳이 우리에게 알리신 것일까? 하나님은 무슨 목적으로 그렇게 하셨을까? 이러한 질문을 던지고 그 답을 구하다 보면, 창세기 2:3을 가볍게 지나치던 사람도 그 구절 안에 심중한 의미가 포함되어 있다는 것을 깨닫게 된다.

사람들은 통상 창세기 2:3이 하나님에 대해 말해줄 뿐 인간이 본받아야 하는 지시사항이나 명령은 포함하고 있지 않다고 생각한다. 그 말씀 안에 인간이 본받아야 하는 행동 모델이 제시되어 있지 않다는 것이다. 따라서 그들은 인간의 시간의 일곱째 부분이 특별한 방식으로 하나님에게 속한다는 생각은 창세기 2:3에서 유래하지 않으며, 성경에서 훨씬 더 나중에, 곧 모세의 때에 나타난다고 주장한다.

이러한 주장의 옳고 그름에 많은 것이 걸려 있다. 나는 다음과 같은 이유로 이 주장에 반대한다.

1. 하나님이 일곱째 날을 복 주신 사건은 창조 서사에서 하나님이 축복하신 첫 번째 사건이 아니다. 하나님은 창조 세계를 축복하셨고(창 1:22), 사람도 축복하셨다.

"하나님이 자기 형상 곧 하나님의 형상대로 사람을 창조하시되 남자와 여자를 창조하시고 하나님이 그들에게 복을 주시며 하나님이 그들에게 이르시되 생육하고 번성하여 땅에 충만하라 땅을 정복하라"(창 1:27-28).

하나님이 기존에 복 주실 때는 사람을 위해서 복 주시다가 갑자기 일곱째 날에 대해서만은 하나님 자신을 위해 복 주셨다는 생각은 상기 구절들과 조화를 이루지 않을 뿐 아니라 전체적인 성경의 진술과도 조화를 이루지 않는다.

2. 하나님은 사람을 창조하신 이유를 창조 당시에 이미 사람에게 명확히 계시하셨다.

"하나님이 자기 형상 곧 하나님의 형상대로 사람을 창조하시되 남자와 여자를 창조하시고"(창 1:27).

인간은 자신을 위한 존재로 지음받지 않았다. 인간은 하나님을 위해 존재하며 그분과의 교제를 위해 존재한다. 이 때문에 하나님은 인간을 자기 형상대로 창조하셨다. 따라서 인간은 하나님이 기뻐하시는 것을 사랑하고 기뻐해야 한다(하나님이 기뻐하시는 것은 바로 하나님 자신이다). 인간은 이를 위해 존재한다(마 22:37).

이 사실이 창조 당시에 인간에게 알려지지 않았을 것이라고는 생각하기 힘들다. 하나님이 거룩하신 것처럼 우리도 거룩해야 한다는 당위 의식은(레 20:26; 벧전 1:16) 우리의 존재 깊숙한 곳에 새겨져 있으며, 우리의 순종 의무는 그 위에 터를 잡고 있다. 따라서 창세기 2:3은 하나님의 형상대로 창조된 존재로서의 인간의 자기 인식, 창조주 하나님이 정하신 대로 살아가야 한다는 인간의 자기 인식의 맥락 안에서 이해되어야 한다.

하나님이 하루를 거룩하게 구별하신 것은 인간을 위해

서였다. 하나님이 자기 자신 안에서 안식하시는 것처럼 인간은 하나님 안에서 안식해야 하며, 인간의 참된 행복과 거룩함이 여기에 달려 있다. 한 날을 구별하게 하신 것은 지극한 복 안으로 들어가게 하심이다. 그 복은 다름 아니라 하나님을 영화롭게 하고 그분을 즐거워하는 복이다. 아우구스티누스는 이렇게 말했다.

"당신은 당신을 위해 저를 만드셨습니다. 제 마음은 당신 안에서 안식을 찾을 때까지는 안식을 알지 못합니다."[4]

이상의 내용을 바탕으로 창세기 2:3을 이해할 때, 우리는 하나님이 안식하셨다는 진술은 인간의 본보기와 교훈을 위한 것이라고 결론내릴 수 있다.[5]

---

4. 이 말의 의미에 대한 더 상세한 설명을 위해서는, John Piper, *The Pleasures of God: Meditations on God's Delight in Being God* (Sisters, OR:Multnomah, 2000)을 보라.

5. 우리는 여기서 하나님이 7일 중 하루를 타락하지 않은 인간을 위해 "거룩하게 하셨다"고 아는 것으로 만족하기로 하며, 모든 날을 하나님의 영광을 위해 살아야 하는데 어찌하여 하루를 그렇게 구별하셨느냐는 질문에 대한 상세한 답변은 시도하지 않는다. 그러나 그리스도인들에게 그 질문은 적실한

3. 일주일 단위 시간 분할의 기원은 창조시에 있으며, 바로 창세기 2:3과 관련되어 있다고 보는 것이 가장 합당하다. 안식의 날이 시내 산 율법에 그 기원을 두고 있다고 믿는 입장에서는 율법 수여 전에 7일로 이루어진 시간 주기가 어떻게 존재할 수 있었는지 설명할 수 없다.

그들은 '안식의 날'(안식일)이 천지 창조에서부터 전해져 내려온 것이라면 시내 산 사건 이전에 그에 대한 언급이 있어야 할 것이라고 주장한다. 물론 시내 산 이전에 '안식의 날'에 대한 언급은 나오지 않는다. 하지만 그것은 그리 놀라운 일이 아니다. 타락한 인간은 하나님 안에서 만족을 추구하는 대신에 창조주보다 피조물을 더 좋아했기 때문이다. "그들이 생수의 근원되는 나를 버린 것과"(렘 2:13).

질문이다. 아브라함 카이퍼는 이렇게 답한다. "엿새는 지상의 의무들을 위해 사용되어야 한다. 그리고 7일 중 하루는 더 특별한 섬김을 위해 바쳐져야 한다. 물론 우리는 7일 내내 하나님을 섬겨야 하지만, 둘 사이의 차이는 결코 부분적이지 않다. 엿새라는 기간은 노동을 위해 지정된 기간으로서, 우리는 그 기간 동안에 외적인 삶에 신경을 쓴다. 주일에는 반대로 하나님에 대한 특별한 섬김이 주를 이루어야 한다…주중에는 일이라는 중간 매개체를 통해 하나님을 섬기는 것이 대부분이며, 안식의 날에는 직접적인 경배와 생명수를 마시는 행위를 통해 다른 것을 배제한 채 오직 하나님을 섬긴다." 'The Lord's Day Observance', Address by Abraham Kuyper in *Sunday The World's Rest Day* (New York; NY Sabbath Committee, 1916), pp. 56-7. 이 책은 몇몇 장을 제외하고는 그다지 훌륭하지 않다.

하지만 인간의 타락에도 불구하고 하나님이 지정하신 안식의 흔적은 완전히 소멸되지 않았다. 우리는 7일 주기 시간 프레임에 대한 기록을 창세기 8장 10, 12절에서 찾아볼 수 있다. 또한 라반이 야곱에게 일주일의 경과에 대해 언급하는 부분에서 엿볼 수 있다(창 29:27-28).[6] 이러한 시간 구분은 어디에서 유래하는가? 태양력이나 태음력 어디에서도 일주일이라는 시간 구분이 유도되지 않는다. 일주일이라는 시간 구분은 창세기 2장으로부터 가장 잘 설명될 수 있다.

그 외에도 하나님이 지정하신 시간 구분에 대한 지식이 어느 정도 남아 있었음을 시사하는 더 강력한 증거들이 존재한다. 출애굽기 16장은 이스라엘 민족이 경험한 역사적 사실에 대한 서사이다. 그런데 그곳에는 일주일의 시간 구분이 남아 있었음을 전제하지 않고는 이해할 수 없는 기록이 존재한다.

세상 창조 이후 수천 년이 지나서 이스라엘 백성은 애

---

6. 히브리어 원어상으로 여기서 사용된 단어는 우리가 사용하는 것과 같은 '일주일'(week)이라는 용어는 아니다. 하지만 해당 히브리어 단어는 7일이라는 시간에 대해 말하고 있다.

굽에서 구출된다. 그런데 그들은 먹을 것이 없다고 광야에서 불평했다. 하나님은 그들의 믿음 없는 패역함에 대해 다음과 같은 기적으로 응답하셨다.

"그 때에 여호와께서 모세에게 이르시되 보라 내가 너희를 위하여 하늘에서 양식을 비 같이 내리리니 백성이 나가서 일용할 것을 날마다 거둘 것이라…여섯째 날에는 그들이 그 거둔 것을 준비할지니 날마다 거두던 것의 갑절이 되리라"(출 16:4-5).

여기 "여섯째 날"이라는 말이 등장한다. 이는 그 당시에 일주일 단위로 구분된 시간 프레임에 대한 지식이 존재했음을 시사한다. 더 의미심장한 것은, 본문 어디에도 여섯째 날에 두 배의 만나를 주시는 이유가 기록되어 있지 않다는 점이다. 백성들은 닷새 중 어느 날에 거둔 만나를 밤까지 보관하면 그것이 부패할 것이라는 말을 들었다. 하지만 여섯째 날에는 두 배의 만나가 주어졌고 그 절반을 다음날 먹기 위해 보관해 두어야 했다. 우리는 여기서 여섯째 날에 대한 기록을 접한다.

"그들이 모세의 명령대로 아침까지 간수하였으나 냄새도 나지 아니하고 벌레도 생기지 아니한지라 모세가 이르

되 오늘은 그것을 먹으라 오늘은 여호와의 안식일인즉 오
늘은 너희가 들에서 그것을 얻지 못하리라"(출 16:24-26).

몇 사람은 믿지 않는 마음으로 하나님의 계명을 무시
하고 일곱째 날에도 만나를 거두려고 밖에 나갔으나 얻지
못했다(16:27).

하나님은 이 기적의 목적에 대해 밝히셨다. "그들이 내
율법을 준행하나 아니하나 내가 시험하리라"(16:4). 그런
데 일곱째 날에 해야 할 것과 하지 말아야 할 것에 대한 특
별한 지시사항이 없을 때 이것이 어떻게 시험이 될 수 있
겠는가? 출애굽기 16장 어디에도 일곱째 날을 안식일로
지정하는 내용이 나오지 않는다. 출애굽기 16장의 만나 기
적이 출애굽기 20장의 십계명 수여 이후에 있었던 일이라
면 제4계명을 이 "시험"의 토대로 이해할 수 있겠지만, 십
계명 수여는 만나 기적 사건보다 나중에 시내 산에서 있
었던 일이다.

게다가 제4계명의 어구들을 면밀하게 살펴보면 안식일
이 여기서 새로 도입되고 있는 것이 아니고, 기존에 이미
존재하였다는 것을 확인할 수 있다. 제4계명은 "안식일이
있다는 것을 이제 알도록 하라"라는 문구로 시작하지 않고

"안식일을 기억하여"라는 문구로 시작한다. 여기서 기억해야 할 것은 창세기 2:3의 내용과 실질적으로 동일하다.

> "안식일을 기억하여 거룩하게 지키라 엿새 동안은 힘써 네 모든 일을 행할 것이나 일곱째 날은 네 하나님 여호와의 안식일인즉 너나 네 아들이나 네 딸이나…아무 일도 하지 말라 이는 엿새 동안에 나 여호와가 하늘과 땅과 바다와 그 가운데 모든 것을 만들고 일곱째 날에 쉬었음이라 그러므로 나 여호와가 안식일을 복되게 하여 그날을 거룩하게 하였느니라"(출 20:8-11)

상기 구절의 마지막 단락은 창세기 2장에서 가져온 것이다. 이와 관련하여, 모세가 시내 산 계명에 기초하여 해당 부분을 창세기 2장에 삽입하였으며, 창세기 2:3은 창조 시에 일곱째 날의 패턴을 확립한 것이 아니며, 따라서 창세기 2:3을 인용한 부분(출 20:11)은 전 인류가 아닌 이스라엘 백성만을 위해 주신 계명에 권위를 실어주기 위한 것이라는 해석이 제시되었다.

이러한 해석은 창세기 2:3을 뒤틀어 읽을 것을 요구한다. 그것은 마치 하나님이 창조시에는 어떤 날도 복 주시지 않았으며 수천 년이 지난 후에 비로소 복을 주셨다고 말하는 것이나 마찬가지이다.[7]

찰스 핫지는 이렇게 말했다. "이러한 해석은 너무나 부자연스러운 해석이어서 미리 어떤 목적을 품지 않고서는 채택할 수 없는 해석이다. 창세기의 서사는 창조시에 하나님이 행하신 일들을 나타낸다."[8] 패트릭 페어베른은 이러한 아이디어가 "그들 국가를 위대하고 보이고자 했던 몇몇 유대 랍비들의 허영심에 기원하며, 안식일의 일시적 준수를 선호하는 방향으로 확증 편향된 자들만 그런 해석을 받아들였다."라고 말했다.[9]

이것은 매우 의미심장한 논의이다. 이미 말했듯이, 많은

---

7. 데이비드 그린은 이렇게 말했다. "안식일은 창조 기사 안에 나타나는 세 번에 걸친 복 주심 중 가장 나중에 있었던 복 주심이다(창 1:22, 28; 2:3). 누군가가 첫 두 번의 복 주심의 실제적 효력이 하나님이 이스라엘 백성을 시내 산에서 한 국가로 모으실 때까지 연기된 것이라고 주장하는 것을 들어본 적 있는가? 그렇다면 왜 세 번째 복 주심에 대해서만 그렇게 이해하는가?"

8. Charles Hodge, *Systematic Theology*, vol. 3 (London and Edinburgh: Nelson, 1874), pp. 325-6.

9. Patrick Fairbairn, *The Typology of Scripture*, vol. 2 (Edinburgh, T.&T. Clark, 1864), p. 127. 존 오웬은 유대 랍비들에 대하여 "이 사람들이 말한 것이 아니라 그들이 증명한 것을 받아들여야 한다."라고 말했다. *Hebrews*, vol. 2, p. 291.

것이 여기 달려 있다. 안식의 날 지정이 창조시에 유래했다면 "안식일이 사람을 위하여 있는 것이요"(막 2:27)라는 구절은 모든 인류를 지칭하는 것이고, 제4계명은 오늘날에도 신적인 권위를 가진다. 반대로 안식의 날 지정이 이스라엘의 시간대에 속한다면, 그것은 보편적인 의미를 갖지 못하며, 제4계명은 오직 유대인들을 위한 것이다.

2장
안식일과 의식법

　모세의 때에 안식일에 관한 더 충만한 가르침이 주어졌
으며, 이스라엘 국가는 그 의미에 대해 (재)교육받을 필요
가 있었다는 데에 모든 진영이 동의한다. "거룩한 안식일
을 그들에게 알리시며"(느 9:14).

　또한, 안식일은 이 시기에 구속 사건과 연결되었다. 안
식일은 창조를 기념할 뿐 아니라 애굽에서 구출된 사건을
기억하는 것이기도 했다(신 5:15). 그 특별한 날은 하나님
이 행하신 구원 사역의 언약적 표(sign)가 되었다(출 31:16;
겔 20:12).

그리고 안식일 준수에 대한 율법적 제재가 국가 차원에서 도입되었다. 예를 들어, 신성모독적으로 안식일을 범하는 것에 대해 사형의 형벌이 규정되었으며(출 31:14-15), 심지어 불을 피우는 일도 금지되었다(느 15:32-36).

이로부터 다음과 같은 주장이 대두된다. 안식일의 애초의 기원이 무엇이었든 간에, 그것은 이스라엘 국가와 떼려야 뗄 수 없게 연관되어 있어서 이스라엘 국가 체제의 소멸과 동시에 같이 소멸된다. 신정 국가인 이스라엘에게 속했던 의식법들은 새 언약의 등장과 함께 끝난 것이 신약성경에서 명백하다.

이러한 주장은 제4계명이 이스라엘 국가와 운명을 같이하며 구약 체제의 소멸로 더 이상 설 자리가 없다는 전제에 의존한다. 이러한 주장에 대해 다음과 같은 반대 의견이 가능하다.

1. 창세기 2:3에 관해 앞에서 논증했듯이 4계명은 유대인에게만 속하는 것이 아니다.

2. 구약에서 제4계명의 준수는 오직 이스라엘 백성에게

만 요구되는 의무가 아니었다. 제4계명의 준수는 "네 문안에 머무는 객"(출 20:10; 느 13:16-18도 보라)에게도 요구되었다.

3. 안식일 준수가 그저 의식적 의미만 가지며 영구적인 도덕적 의미는 없다면, 어째서 하나님의 손은 그것을 도덕법의 한 가운데에 기록하셨을까?

율법은 하나님으로부터 직접적으로 주어진 것으로서 하나님의 변하지 않는 성품을 반영한다. "하나님이 이 모든 말씀으로 말씀하여 이르시되 나는…네 하나님 여호와니라"(출 20:1-2).

돌판에 기록된 율법은 하나님의 영광을 위해 살고, 미워하지 말고, 간음하지 말고, 거짓말하지 말고, 남의 소유를 탐내지 말라고 말하며, 이 모든 것들이 다 변하지 않는 도덕법이다. 그리고 이러한 율법들 중간에 "안식일을 기억하여 거룩하게 지키라"는 말씀이 자리잡고 있다.

게다가 제4계명이 그저 의식적 또는 일시적 의미만 갖는다면, 성경이 이에 대한 불순종을 심중한 도덕적 범법으로 규정하는 이유는 무엇인가? 일반적으로 의식법의 위반에는 사형의 형벌이 적용되지 않았다. 그런데 안식일 규정 위배에 대해서는 사형의 형벌이 적용되었다. 또한 선지자들은 그 어떤 죄보다 더 심각하게 안식일 규정 위배의 죄를 정죄한다. 이 계명에는 의식법보다 훨씬 더 심중한 것이 결부되어 있었다.

안식일을 범하는 자는 가장 사악하고 가증스러운 인물들이었다. 그날 하루 전체가 하나님과 종교에 드려져야만 했다. 그날을 거룩하게 준수할 때 그들은 번성했다. 국가적 차원에서 하나님의 거룩한 안식일을 태만시할 때 재앙과 심판이 임했다. 모든 선지자들은 안식일 준수를 요청했고, 안식일을 경멸하는 행위에 대해 경고했으며, 안식일을 거룩하게 보내는 일을 도덕적 덕목들과 동등한 반열에 두었다.[10]

4. 활동들을 중단하고 외적인 의식들을 준수하는 것이 결코 제4계명 준수의 핵심이 아니었다(아직도 유대인들은 이런 오류 속에 빠져 있다). 일곱째 날의 영적 목적에 비추어 볼 때 일상

---

10. Nathan Perkins, *Twenty-Four Discourses* (Hartford: Hudson & Goodwin, 1795), p. 318.

의 노동을 멈추는 것은 부차적인 사항이다. "안식일의 찬송 시"로 지정된 시편(시 92편)을 살펴보면, 그날의 올바른 준수는 하나님의 인자하심, 성실하심, 정직하심을 깊이 생각하는 것을 수반한다. 그날은 하나님 안에서 즐거워하기 위한 날이다.

"만일 안식일에 네 발을 금하여 내 성일에 오락을 행하지 아니하고 안식일을 일컬어 즐거운 날이라, 여호와의 성일을 존귀한 날이라 하여 이를 존귀하게 여기고 네 길로 행하지 아니하며 네 오락을 구하지 아니하며 사사로운 말을 하지 아니하면 네가 여호와 안에서 즐거움을 얻을 것이라"(사 58:13-14).

이런 관점은 창세기 2:3 및 하나님 안의 안식 개념과 조화를 이룬다.

5. 제4계명을 그저 군더더기에 불과하고 더 이상은 하나님의 도덕법의 일부가 아닌 것으로 보아야 한다면, 어째서 신약성경은 율법을 지켜야 하는 인간의 의무에 대해

반복하여 말하면서 어떠한 예외도 두지 않고 있는가? 도덕법을 내신 분이 거룩하듯이 도덕법은 거룩하다. "율법은 거룩하고 계명도 거룩하고 의로우며 선하다"(롬 7:12). 도덕법은 유대인뿐 아니라 이방인에게도 권위를 갖는다(롬 2:15). 에베소의 어린이들에게도 계명들을 가르쳐야 했다(엡 6:2). 디모데는 "율법은…선한 것"임을 기억해야 했다(딤전 1:8). 요한 사도는 이렇게 말한다. "죄는 불법이라"(요일 3:4). 신약성경 어느 곳을 보아도 예외는 없다. 야고보는 십계명을 인용하면서 이렇게 말한다. "누구든지 온 율법을 지키다가 그 하나를 범하면 모두 범한 자가 되나니"(약 2:10). 다시 말해, 도덕법 전체에는 통일성이 있어서 유리판처럼 한 곳이 부서지면 전체가 산산조각난다.

3장
칼빈의 견해 수정

사람들은 제4계명이 본질적으로 의식법이기에 그 권위는 끝난 것이라는 관점을 뒷받침하기 위해서 종종 칼빈의 권위를 활용한다. 칼빈이 그렇게 믿은 적이 있는 것은 사실이다. 그는 『기독교 강요』에서 이렇게 말한다.

"이 계명의 의식법적인 부분은 폐지되었지만…도덕법적인 부분은 남아 있다. 즉, 7일 중에 하루를 정하는 것은 남아 있다."[11]

그러나 이러한 사상이 칼빈의 가르침으로 계속 유지되지 않았다는 점은 잘 주목되지 못했다. 1559년에 발간된 『기독교 강요』 최종판에서 제4계명에 대해 언급한 부분은 발간되기 몇 년 전에 쓰여진 것으로서 그 후에 결코 수정되지 않았다. 그런데 1559년에 칼빈은 창세기에 대해 설교하면서 매우 명확하게 그가 과거에 반대했던 입장을 옹호한다.

"하나님의 창조 사역에 관한 서사 중에 "하나님이 그분의 작품들을 생각하기 위해 안식하셨다"는 기록을 볼 수 있습니다. 하나님은 왜 그러신 것일까요? 하나님은 그러실 필요가 없었습니다. 하지만 하나님은 우리가 행해야 할 바를 알려주고자 하신 것입니다. 마치 하나님이 이렇게 말씀하신 것과

---

11. *Institutes of the Christian Religion*, ed. J. T. McNeill, translated by F. L. Battles (Philadelphia: Westminster Press, 1960), p. 400. 맥네일은 기독교강요의 여러 부분들이 하나로 합성된 날짜들을 적시함으로써 우리에게 도움을 준다. 하지만 그는 제4계명과 관련하여 날짜들의 심각성에 주목하는 데 실패했다.

같습니다. "보아라, 나는 나의 작품들을 숙고하는 일을 위해 하루를 떼어두기를 원한다." 그러므로 우리 하나님은 우리의 거울과 본보기가 되기 위해 안식하고 계신 것입니다."[12]

"우리가 매우 약하고 부서지기 쉽고 변덕스럽기 때문에 하나님은 우리에게 특별한 하루를 주셔서 나머지 한 주 동안 지탱될 힘을 얻게 하셨습니다⋯하루 동안 모든 직업 활동과 세상의 관심사들을 내려놓고 거룩한 묵상에 마음을 쏟음으로써 우리는 지탱됩니다⋯이제 율법 안에서 하나님은 또 다른 이유로 안식의 날을 명령하셨으며, 우리는 하나님이 세상을 창조하실 때 세우신 창조 질서와 모세 율법 안에 등장하는 계명을 조심스럽게 구분해야 합니다⋯그것이 영적인 안식의 그림자라는 또 다른 관점을 주기 위해⋯하지만 일주일 중 하루를 온전히 하나님의 말씀을 듣고, 기도하고, 그분의 작품들에 대해 묵상하면서 보냄으로써 하나님 안에서 즐거워해야 한다는 사실은 여전히 남아 있습니다."

---

12. *Sermons on Genesis*, Chapters 1-11, trans. Rob Roy McGregor (Edinburgh: Banner of Truth, 2009), p. 123.

"이 날을 준수하는 데에는 두 가지 측면이 있습니다. 당분간 우리는 하나님이 창조 때에 시작하신 것을 율법 안에서 계속하셨다고 말하는 것으로 충분할 것입니다…따라서 안식의 날을 거룩하게 보냄으로써 하나님의 본을 따르고 하나님이 세우시고 세상 끝날까지 지속되게 하신 질서를 보존하도록 합시다."[13]

칼빈의 관점이 이렇게 변경된 시점은 언제일까? 그의 창세기 주석이 출간된 1554년 즈음에 그는 이미 변경된 관점을 가지고 있었다.[14] 그 책에서 칼빈은 하나님이 일곱째 날을 복 주신 것에 대해 이렇게 말했다.

"하나님이 하루를 복 주신 것은 그날을 엄숙하게 구별하여 거룩하게 하셨다는 의미를 갖는다. 이를 통해 하나님은 일곱째 날에 벌어지는 사람들의 묵상과 일을 자신의 것으로 요구하셨다. 하나님을 위한 묵상과 일은 실로 우리의 모든 삶

---

13. *Ibid.*, pp. 128-30.

14. J. K. 카터는 내가 보지 못한 그의 미출간 박사 학위 논문에서 1550년에서 1559년 사이의 칼빈의 생각의 변화를 추적한다. 'Sunday Observance in Scotland 1560-1606,' Edinburgh, 1957.

속에서 행해야 할 합당한 과업이다. 사람은 날마다 하나님이 창조하신 하늘과 땅의 장엄한 극장 속에서 하나님의 무한한 선하심과 공의, 능력과 지혜를 생각하는 일에 종사해야 한다. 하지만 마땅히 그래야 하는 것보다 그 일에 주의를 덜 기울이지 않도록 매 일곱째 날이 매일의 묵상에 부족한 것을 공급하기 위한 목적으로 선택되었다…하나님은 매 일곱째 날을 안식이라는 목적에 봉헌하셨다. 하나님은 스스로 본을 보여 주심으로써 이것을 영속적인 규칙으로 삼으셨다."[15]

---

15. *Commentary on Genesis* (Calvin Trans. Soc.; repr. Edinburgh: Banner of Truth, 1965), pp. 105-6. 그 종교개혁가의 최종적인 주석(1563)에서 창세기 2:2-3의 본보기가 오늘날 우리가 따라야 할 본보기로 남아 있다는 사실이 다시 한 번 확인된다. *Commentaries of the Four Last Books of Moses*, vol. 2 (Calvin Trans. Soc.), p. 437. 여기서 자세히 다룰 수는 없지만 칼빈의 생각 속의 강조점의 변이들이 존재한다. *Institutes of the Christian Religion*, pp. 394-400을 보라. 또한, Fairbairn, *Typology of Scripture* pp. 140-42, 513-21도 보라.

4장
신약성경과 계명

  우리는 아직 신약 시대에 제4계명이 종료되었다는 학설에 대해서는 다루지 않았다. 그러한 학설을 지지하기 위해 두 가지 주장이 동원된다.

  1. **첫 번째 주장.** 바울 사도는 어떤 날들을 특별하게 취급하는 것에 대해 부정적으로 말했다. 바울은 신앙고백자들이 "날과 달과 절기와 해를 삼가 지키"는 것을 꾸짖었으며(갈 4:10), 특별한 날들에 관심을 갖는 것을 "믿음이 연약한 자"(롬 14:1)의 행위로 분류했다. 골로새서 2:16-17에서는 "절기나 초하루나 안식일"을 "장래 일의 그림자"라고

지칭했다. 이러한 본문들은 일주일 중 하루를 하나님이 구별하여 복 주신 날로 취급할 여지를 남기지 않는다.

이에 대한 반론은 다음과 같다. 상기 구절들이 일곱째 날 준수를 지칭한 것인지 전혀 확실하지 않다. 의식법 안에는 일주일마다 돌아오는 안식일 외에도 여러 종류의 "안식의 날들", 곧 절기들이 있었다.[16] 상기 구절들이 예외 없이 어떤 날도 특별하게 여기지 못하게 하는 것이라고

16. "안식일은 지금은 더 이상 시행하지 않는 구약 성경의 절기들을 구성하는 필수 부분이었음을 잊어서는 안 된다. 그 안에 구현된 모형은 안식년과 희년에 의해 심화되었다. 안식일에 사람과 짐승들은 쉬었다. 안식년에는 토지도 쉬었다. 우리는 그리스도의 사역에 의해 이 모든 것들로부터 해방되었지만 창조시에 제정된 안식일로부터는 해방되지 않았다." Vos, *Biblical Theology*, pp. 142-3. "이와 관련하여 골로새 교회의 그리스도인들이 안식일을 의식법적으로 준수하지 않은 것은 옳았다. 그리스도인들이 낙원의 날들로부터 전해져 내려온 매주의 안식을 '세속화하라고' 요청받을 때는 전혀 다른 문제가 발생한다. 그러한 안식은 사람의 육체적, 영적 웰빙을 위해 절대적으로 필요하다." H.C.G.Moule, *Colossians and Philemon* (Cambridge: University Press, 1893), p. 110. 로마서 14:5의 말씀("어떤 사람은 이 날은 저 날보다 낫게 여기고")에 대해, 존 머레이는 이 말씀을 주일과 매주의 안식일을 가리키는 것으로 취급하는 것은 "우리를 성경 전체의 증언에 심겨져 있는 원리와 충돌되는 생각으로 이끈다." 그러한 생각은 "원래의 안식일 제정에 들어 있던 수혜적인 의도(막 2:28)는 복음 아래서는 전혀 적용점이 없으며, 안식일에 대해 행사하시는 그리스도의 주권은 단지 그날을 폐지하기 위한 주권이라고 보는 것이다. John Murray, *Epistle to the Romans*, vol. 2 (Grand Rapids: Eerdmans, 1965), p. 259.

이해한다면 신약성경의 다른 부분들과 일치하지 않는다. 사도들의 실천에는 특별하게 취급된 날들이 존재하였던 것이 확실하다. 다음과 같은 증거들을 고려해 보라.

- 곤궁한 자들을 재정적으로 돕기 위한 모금은 교회들에게 상당히 중요한 일이었다. 그런데 바울은 고린도 교회에게 그 일을 "매주 첫 날"에 행하라고 말한다. 그리고 그것은 고린도 교회에만 국한된 지침이 아니었다.

  "성도를 위하는 연보에 관하여는 내가 갈라디아 교회들에게 명한 것 같이 너희도 그렇게 하라 매주 첫 날에 너희 각 사람이 수입에 따라 모아 두어서"(고전 16:1-2).

- 사도행전 20:7은 그리스도인들이 매주 첫 날에 해야 하는 일들에 대해 더 많은 것을 말해 준다. 바울은 배 타고 수리아로 가고자 할 때에 드로아에서 이레를 머물렀는데, 그렇게 한 이유가 바로 그다음 구절에 나온다고 보는 것이 합리적일 것이다.

"그 주간의 첫날에 우리가 떡을 떼려 하여 모였더니 바울이 이튿날 떠나고자 하여 그들에게 강론할새 말을 밤중까지 계속하매"(행 20:7).

- 요한 사도는 성령님의 인도하에 글을 쓰면서 매우 의미심장한 사항을 추가한다. 그는 그리스도인들이 한 주의 첫날에 최고의 명칭을 부여하여 존중하였다고 알려 준다. 기존에 없던 새로운 명칭이 등장한 것이다. 즉, 밧모 섬에서 요한은 이렇게 기록한다.

"주의 날에 내가 성령에 감동되어"(계 1:10). 여기서 요한 사도가 한 주의 첫날을 지칭하고 있다는 것을 어떻게 확신할 수 있나? 우리는 사도 시대 이후의 가장 초기의 증언들로부터 이를 확신할 수 있다. 로마 세계가 '일요일'이라고 불렀던 날은 그리스도인들에게 '주의 날'로 알려져 있었다. 이그나티우스는 요한과 동 시대를 살았던 인물로서 요한보다 나이가 어렸다. 그는 주후 107년경까지 살았는데, 다음과 같은 말을 남겼다.

"그리스도인들은 더 이상 안식일을 준수하지 않지만 주의 날을 지킨다. 그날에 우리의 삶은 그분으로 말미암는다."[17]

그리스도인들은 한 주의 첫날을 특별하게 보냈다. 신뢰할 만한 역사학자인 필립 샤프는 "2세기 들어 보편화된 일요일 준수는 그것이 사도적 실천에 뿌리를 둔 것이 아니라면 설명될 수 없다."[18]고 말했다.

----

17. 이레니우스, 터툴리아누스, 알렉산드리아의 클레멘트, 오리게네스, 키프리아누스는 모두 한 주의 첫 날을 "주의 날"이라고 부른다. 터툴리아누스는 이렇게 말했다. "우리는 토요일을 자신들의 안식일이라고 부르는 자들과 구별하여 토요일 다음날을 기념한다…주의 날에 우리는 세상일에 신경을 끄고, 모든 돈벌이를 연기한다." 유세비우스는 이렇게 기록하였다. "안식일에 행해야 했던 모든 의무들을 우리는 주의 날로 이전하였다. 주의 날에 행하는 것이 더 적절하기 때문이다. 주의 날은 유대인의 안식일보다 더 존중할 만하며 더 우선적이기 때문이다. 하나님은 세상을 창조하실 때, 그날에 '빛이 있으라' 하시니 빛이 있었고, 그날에 우리 영혼 안에 의의 해가 솟았다." 초기 그리스도인들은 "당신은 주의 날을 지켰습니까?"(Servasti Dominicum?)라는 질문을 받으면, "저는 그리스도인입니다. 저는 그날을 지키지 않을 수 없습니다."(Christianus sum, omittere non possum)라고 대답했다. 초대 교회와 관련된 더 많은 증거를 보려거든, 'The Literature of the Sabbath Question', (*British and Foreign Evangelical Review*, vol. 15, pp. 570-96, and R. T. Beckwith and W. Stott, *The Christian Sunday: A Biblical and Historical Study* (Grand Rapids: Baker, 1980)를 보라.

18. Schaff, *History of the Christian Church: Apostolic Christianity*, vol. 2 (Edinburgh: Clark, 1893), pp. 479. 그는 이렇게 덧붙인다. "콘스탄틴 황제 시대 이전에는 사회의 법과 제도상 일주일의 하루를 그렇게 지키는 것을 지지하는 요소가 전혀 없었으며, 그리스도인 대다수는 낮은 사회적 계층에 속하여 있었고 이교도 주인들과 고용주들에게 의존하고 있었기에 주

J. C. 라일은 이렇게 말한다.

"사도들이 어느 한 날을 다른 날보다 더 거룩하게 지키지 않았다면 그들은 왜 어느 한 날을 특정해서 '매주 첫날' 또는 '주의 날'이라고 부르는가? 나로서는 다른 이유를 찾을 수 없다."[19]

하지만 그렇다고 해서 '주의 날'이 제4계명과 관련이 있다고 믿어야 하는가? 핵심 질문은 "안식의 날이 한 주의 일곱째 날로부터 첫째 날로 전환된 것이 맞다면 과연 누가 그러한 변화를 재가하였는가?"이다. 신약이 이러한 질문에 대해 아무런 빛도 제공하지 않는다고 생각한다면 그것은 오산이다.

구약에서 하나님이 지정하신 특별한 날은 그분의 권위에 의해 지지되고 있었다. 관련된 계명이 율법의 첫째 돌판에서 발견되며, 그것은 인간의 가감이나 변경을 허락하

일 준수에는 많은 불편함이 수반되었을 것이다. 우리는 이러한 점들을 감안하면서 그리스도인의 주일 준수 노력에 더 큰 의미를 부여하여야 할 것이다."

19. Ryle, *Knots Untied*, p. 366.

지 않는다. 또한 하나님은 그날을 "나의 거룩한 날"이라고 부르셨다. 하나님이 홀로 그날을 어떻게 보내야 하는지 규정하셨고 엄숙한 명령으로 그것을 보호하셨다.

그러므로 "인자는 안식일에도 주인이니라"(막 2:28)라고 말씀하실 때, 예수님은 자신의 신성을 주장하고 계셨던 것이다. 사실 예수님은 지상명령을 주실 때도 자신이 "하늘과 땅의 모든 권세"를 가지고 계시다는 사실을 먼저 천명하신 후에, "내가 너희에게 분부한 모든 것을 가르쳐 지키게 하라"라고 명령하셨다. 이를 통해 예수님은 사도들과 교회의 권위에 한계를 설정하셨다(마 28:20).

이러한 말씀을 감안할 때 그날의 주인이신 분의 권위와 무관하게 사람들이 임의로 일곱째 날을 첫째 날로 전환했을 것이라고는 생각할 수 없다. 또한 그러한 날짜 전환이 그리스도의 권위에 근거한다는 사실이 요한의 말 속에 암시되어 있다. 요한이 사용한 "주의 날"이라는 용어는 바울이 사용한 "주의 만찬"(고전 11:20)이라는 용어와 매우 흡사하다. "주의 만찬"이란 그리스도께서 지정하시고 주재하시는 만찬이고, 마찬가지로 "주의 날"은 그리스도께서 친히 명령하신 날이다. 예수님이 명령하지 않으셨으면 한 주의 첫날을 "주의 날"이라고 부르는 일은 결코 없었을 것이다.

따라서 나는 다음과 같이 결론내린다. 바울은 날들을 미신적으로 사용하는 것에 대해 경고하고, 모세 율법 체계하의 국가적, 의식적 안식일 규례 유지에 대해 경고했지만, 그것은 결코 창세기의 패턴과 제4계명의 명령대로 한 주의 한 날을 특별히 하나님을 위해 지키는 원리를 폐지한 것이 아니다.

2. 두 번째이자 마지막 주장은 다음과 같다. 구약의 안식일 계명은 그리스도 안에서 도래할 '안식'을 미리 보여주는 그림자였다. 그러므로 이미 '안식에 들어간' 신자들에게는 그 본래적 의미가 이미 실현되었고, 그 계명으로 다시 돌아가는 것은 '율법'으로 다시 돌아가는 잘못을 범하는 것이다. 어떤 이들은 "너희가 법 아래에 있지 않고 은혜 아래에 있음이라"(롬 6:14)라고 덧붙인다.[20]

---

20. 이 구절은 종종 오해되곤 한다. "법 아래에 있다"는 표현은 본성을 따르는 모든 사람을 묘사하는 표현이다. 법 아래에서 모든 사람이 진노 아래 있을 수밖에 없다. 하지만 그리스도께서 율법의 요구와 율법의 형벌을 성취하심으로써 그분에게 속한 모든 사람은 전적으로 새로운 지위를 얻게 되

이러한 주장에도 진리의 중요한 요소가 담겨 있다. 타락 시에 인간은 하나님 안에서의 안식을 잃어버렸다. 하나님은 그 안식을 회복시키길 원하셨고, 이는 장차 있을 그리스도의 사역에 달려 있었다. 따라서 약속된 구주를 믿는 자 외에는 누구도 그 안식에 들어가지 못한다.

히브리서 4장은 세 종류의 '안식'에 대해 말한다. 첫째, 창조시의 안식이다. 하나님은 그분의 일로부터 안식하셨다. 둘째, 가나안에 들어가는 것으로 모형화된 안식이다. 셋째, 그리스도께서 하나님의 백성을 위해 확보하신 안식이다. "이미 그의 안식에 들어간 자는 하나님이 자기의 일을 쉬심과 같이 그도 자기의 일을 쉬느니라"(히 4:10)[21]

었다. 율법을 지켜야 하는 그들의 의무는 그리스도 안에서 만족되었다. 그리고 그들은 그리스도 안에서 새 생명을 받았기에 더 이상 죄의 지배 아래에 있지 않다. 바울이 "법 아래에 있지 아니하고"라고 말한 것은 바로 이런 뜻이다. 바울은 동시에 복음 안에서 "율법을 굳게 세우느니라"(롬 3:31)라고 말한다. 이것은 전혀 모순된 진술이 아니며, 실로 이것은 복음의 목적 자체를 표현한 말이다(롬 8:4).

21. 많은 주석가들은 "이미 그의 안식에 들어간 자는"이라는 부분이 신자의 행동에 대해 말하는 것이라고 생각한다. 하지만 그렇게 본다면 "하나님이 자기의 일을 쉬심과 같이"라는 부분은 더 이상 대구를 이룰 수 없게 될 것이다. 신자가 죄악된 행위를 그친다는 말이 되기 때문이다. Owen, *Hebrews*, vol. 4, pp. 332-4을 보라. 어떤 이들은 제4계명이 모형을 포함하였다고 말한다. 그 모형으로 이스라엘 백성을 가르쳐 그들의 죄악된 행위를 그치게 하려는 것이었다는 주장이다. 모세 율법 형태의 모든 율법이

창조 사역이 하나님께 기쁨과 안식을 가져왔듯이 그리스도의 완성된 사역은 더 영광스러운 안식을 가져온다. 그리스도께서는 자신의 사역 안에서 만족을 얻으시며(사 53:11), 아버지는 그의 사랑하는 아들 안에서 기쁨을 얻으신다(마 17:5). 또한 그리스도께 연합되고 그분 안에서 의롭게 된 자들은 하나님의 영광을 위해 구속되고, "그리스도의 얼굴" 안에서 그 영광을 봄으로써 기쁨과 만족을 얻는다(고후 4:6). 여기에는 첫 창조보다 더 위대한 무언가가 있다. 하나님은 교회에 대하여 "이는 내가 영원히 쉴 곳이라 내가 여기 거주할 것은 이를 원하였음이로다"라고 말씀하신다(시 132:14).

이 모든 것이 놀랍게도 사실이다. 그렇다면 예수님의 구속 사역의 성취가 신약 시대에 특별한 날을 지키는 것을 불가능하게 하는가? 한 주의 첫날(초기 그리스도들이 "그리스도께서 부활하셨다!"라는 인삿말을 서로에게 건네었던 날)이 제4계명과 창세기 2:3 안에 함의된 것들을 이어받아 지속한다고 믿는 것은 계시된 말씀과 온전히 조화를 이루지 않는가? 특별

죄에 더 속박되게 하는 결과를 가져왔다(갈 3:19-24)는 것을 차치하고서도 나는 그런 견해를 뒷받침하는 증거를 찾을 수 없다.

한 기념을 위해 다른 어떤 날이 더 적합할 수 있을까? 그 날은 구속이 성취된 날이다. "건축자가 버린 돌이 집 모퉁이의 머릿돌이 되었나니 이는 여호와께서 행하신 것이요 우리 눈에 기이한 바로다 이 날은 여호와께서 정하신 것이라 이 날에 우리가 즐거워하고 기뻐하리로다"(시 118:22-24; 마 21:42; 행 4:11).

제4계명의 본질적인 부분을 실천하는 것은 칭의를 위해 율법에 의존하는 것과는 무관하다(십계명의 어느 계명의 실천도 마찬가지임). 이는 창세기 2:3에서 제시하는 원상의 '안식' 패턴이 칭의를 위한 것이 아닌 것과 마찬가지이다. 그리스도인에게 일어난 큰 변화는 율법이 더 이상 그를 규율하지 않는 데 있지 않고, 이전에는 전혀 갖지 못했던 순종할 수 있는 능력과 동기를 받은 데 있다.

그리스도인은 하나님의 법을 사랑하며 속사람으로 하나님의 법을 즐거워한다(롬 7:22). 이것은 하나님께 받아들여지기 위함이 아니요 그의 본성이 하나님을 닮아 회복되어 가는 중이기 때문이다. 새 언약에 관한 구약의 가장 큰 약속은 "또 주께서 이르시되 그날 후에 내가 이스라엘 집과 맺을 언약은 이것이니 내 법을 그들의 생각에 두고 그들의 마음에 이것을 기록하리라 나는 그들에게 하나님이 되고 그들은 내게 백성이 되리라"(히 8:10)라는 약속이다.[22] 이 약속의 성취에 대한 명확한 진술이 로마서에 나온다. "율법이 육신으로 말미암아 연약하여 할 수 없는 그것을 하나님은 하시나니 곧 죄로 말미암아 자기 아들을 죄 있는 육신의 모양으로 보내어 육신에 죄를 정하사 육신을 따르지 않고 그 영을 따라 행하는 우리에게 율법의 요구가 이루어지게 하려 하심이니라"(롬 8:3-4).

그리스도인은 율법에 순종할 수 있는 자유를 얻었다. 그들이 순종하는 율법은 자유의 법이다. 윌리엄 쿠퍼는 이를 다음과 같이 표현한다.

그리스도께서 성취하신 것을 보고
그분의 용서하시는 목소리를 들을 때
종이 자녀로 변하며

---

22. "율법은 우리의 칭의를 위해 우리를 복음으로 보낸다. 복음은 우리의 삶의 방식 형성을 위해 우리를 율법으로 보낸다...우리는 칭의 안에서 은혜에 반하는 행위를 거부하고, 성화 안에서 은혜의 열매로서의 순종을 수용한다." Samuel Bolton, *The True Bounds of Christian Freedom* (Edinburgh: Banner of Truth, repr. 2001), pp.11, 68-9.

의무가 선택으로 변한다.[23]

따라서 "내가 율법이나 선지자를 폐하러 온 줄로 생각하지 말라 폐하러 온 것이 아니요 완전하게 하려 함이라"(마 5:17)라는 그리스도의 말씀은 제4계명에 대해서도 적용된다. 바리새인들은 안식일을 힘들고 단조로운 외적 종교 행위로 만들었으며, 심지어 그것은 공로를 쌓기 위한 행위였다. 그리스도께서는 그러한 잘못된 실천에 반대하셨다. 예수님은 "안식일을 폐하지 않으셨는데, 이는 사람이 지붕 위의 이끼나 잡초를 제거하기 위해 집을 부수지 않는 것과 마찬가지이다."[24]

하나님의 율법에 대한 순종을 '율법주의'로 간주하는 것은 신약에 대한 심각한 오해이다. 실은 하나님의 율법에 대한 순종은 구주와 참된 관계를 맺고 있다는 증거이다.

---

23. "No Strength of nature can suffice"라는 찬송가의 가사임.

24. J. C. Ryle, *Knots Untied*, p. 365. "예수님은 십계명이 한 지역에 또는 한 시기에 국한된 의무라고는 전혀 생각하지 않으신다. 예수님은 십계명을 그분이 설립하러 오신 우주적이고 영원한 왕국의 법으로 취급하신다." B. B. Warfield, *Shorter Writings* (Nutley, NJ: Presbyterian and Reformed, 1970), vol. 1, p. 313.

"그를 아노라 하고 그의 계명을 지키지 아니하는 자는 거짓말하는 자요 진리가 그 속에 있지 아니하되"(요일 2:4).

"왜 안식일 준수를 주장하는 것이 바리새적이라거나 율법주의적이라는 비난을 받아야 하는가? 문제는 그것이 하나님의 규례인지 여부이다. 만일 그것이 하나님의 규례라면, 그것을 고수하는 것은 율법주의가 아니다. 우리가 철저하게 정직하려고 한다고 해서 율법주의로 비난받아야 하는가? 이웃의 재산을 단돈 1원 한 장이라도 빼앗지 않으려는 굳은 결심하에 돈 거래의 디테일에 세심한 주의를 기울이는 자세가 율법주의의 산물인가? 이웃에게서 1원 한 장이라도 고의로 빼앗는 것을 용인한다면 우리의 기독교는 그다지 가치가 없을 것이다. 우리가 철저하게 정숙하고 음탕한 기색이나 음탕한 몸짓마저 죄로 규정한다고 해서 율법주의로 비난받아야 하는가? 순전함을 지키기 위한 디테일을 바리새주의 또는 율법주의로 치부하여 버린다면 기독교 윤리와 거룩함의 요구에 대한 개념은 얼마나 왜곡되겠는가? '지극히 작은 것에 충성된 자는 큰 것에도 충성되고 지극히 작은 것에 불의한 자는 큰 것에도 불의

하니라'(눅 16:10)."25]

25. John Murray, *Collected Writings*, vol 1, (Edinburgh: Banner of Truth, 1976), pp. 214-5.

5장
역사의 증언

　그리스도인들은 하나님의 뜻에 대한 권위 있는 계시를 성경 시대 이후의 역사와 전통에서 찾지 않는다. 그렇지만, 하나님이 일주일 중 하루를 특별히 축복하시는 일을 계속해서 행하셨다는 역사적 증거가 있느냐고 누가 묻는다면, 나는 그렇다고 대답하겠다. 성령님이 교회를 부흥시키셨을 때마다 그리고 성경 말씀이 진지하게 선포되었을 때마다 제4계명은 재발견되었고 교회 안에 새로운 건강이 있었다. 16세기에 종교개혁이 시작될 당시 일종의 일요일 준수가 있었지만, 그날을 영적으로 지키는 일은 복음의 능력이 드러날 때 복원되었다. 마르틴 루터는 이렇게 설교했다.

안식일은 의심할 여지 없이 인간 본성과 창조된 우주의 본성에 근거하고 있습니다…안식일을 만드신 분은 여호와 하나님이십니다. 그날은 사람을 위해 만들어진 날이지만, 사람에게서 유래하지 않았습니다. 그날은 하나님이 사람에게 선물로 주신 날입니다.[26]

영국의 종교개혁을 잇는 청교도 시기에는 기독교의 생명과 능력이 주일에 대한 확신과 밀접하게 연관되어 있다고 인정되었다. 토머스 브룩스는 이렇게 말했다.

이것을 기억하라. 경건의 능력과 은혜, 거룩함, 하나님과의 교통을 증진시키기 위해 주일을 거룩하게 보내는 데 모든 노력을 기울여 가장 엄격하고, 진지하고, 학구적이고, 양심

---

26. *Lectures on Genesis, Luther's Works*, ed. Jaroslav Pelikan (Saint Louis, Concordia, 1958), vol. 1, p. 80.

적으로 주일을 준수하는 사람들은 세상에서 가장 뛰어난 그리스도인이라 할 수 있다.[27]

마찬가지로 존 오웬은 1671년에 이렇게 말했다.

경건의 능력이 드러나는 예배는 주일을 가장 존중하는 사람들 가운데서 찾아볼 수 있다.[28]

교회사 안의 각성과 부흥의 역사를 살펴보면, 성령이 부어질 때 주일을 거룩하게 지키고자 하는 새로운 갈망이 일어났음을 볼 수 있다. 18세기와 19세기에 있었던 웨일스 부흥이나 스코틀랜드 고지대의 부흥, 기타 전 세계 여러 선교지에서 있었던 부흥은 그런 결과를 가져왔다. 어느 일요일에 존 엘리어스가 루들란에서 설교할 때 웨일스 대각성의 한 시기가 시작되었다. 그날은 장터가 열리는 날이었으며, 장터는 제4계명에 대해 아무 생각도 없는 사람들

---

27. *Works of Thomas Brooks*, vol. 6 (Edinburgh: Banner of Truth), pp. 305-6.
28. Owen, *Hebrews*, vol. 2, pp. 428-9.

로 매우 붐볐다. 친구들은 엘리어스에게 그의 계획을 실행하는 데에는 위험이 따를 것이라고 경고했다. 하지만 그는 불굴의 의지로 출애굽기 34장 21절 말씀, "너는 엿새 동안 일하고 일곱째 날에는 쉴지니 밭 갈 때에나 거둘 때에도 쉴지며"를 본문으로 삼아 설교했다. 그의 설교 위에 하나님의 권위가 강력하게 나타났고, 그 지역에서 주일의 사용은 몇 세대에 걸쳐 완전히 달라졌다.[29]

제4계명을 존중함으로써 임한 국가적인 큰 복에 대해, 1845년에 영국을 방문 중이던 장 앙리 메를 도비네 박사는 다음과 같이 기술하였다.

영국의 기독교의 성격을 가장 완벽하게 나타내는 특징 중 하나는 주일 준수이다. 그들은 그날을 안식일이라고 부른다. 나는 그 용어가 부적절하다고 생각하지만…모든 사람이 하나님의 율법에 순종하는 모습은 매우 인상적이며, 필시 그 나라에 부어진 여러 축복의 근원임이 틀림없다. 영국 안의

---

29. 이 주목할 만한 케이스와 그 결과는 Edward Morgan, *John Elias: Life, Letters and Essays* (repr. Edinburgh: Banner of Truth, 1973), pp. 86-89에 전부 기술되어 있다. 또한 pp. 397-99도 보라.

질서와 순종, 도덕성과 능력은 일요일을 그렇게 준수하는 것과 밀접하게 연관되어 있다.[30]

대서양 반대편에서 필립 샤프는 안식일에 대해 이렇게 기록하였다.

잉글랜드, 스코틀랜드, 그리고 아메리카의 교회들은 그날을 합당하게 준수하는 면에 있어서 유럽 대륙의 교회들을 능가하며 이를 통해 엄청난 유익을 얻고 있다. 안식일 준수는 유익한 훈련과 은혜의 수단을 제공하며, 공중의 도덕성과 종교성을 보호하고 불신앙을 방지하며, 교회와 국가와 가정을 위한 엄청난 축복의 근원이 된다. 교회와 성경 다음으로 주일은 기독교 사회를 지탱하는 주요 기둥이다.[31]

---

30. J. H. Merle d'Aubigne, *Germany, England, and Scotland, or Recollections of a Swiss Minister* (London: Simpkin, Marshall, 1848), pp. 105, 108-9.

31. Schaff, *Apostolic Christianity*, p. 479. J. C. Ryle의 동일한 확신을 보려거든, *Knots Untied*, pp. 371-2을 보라. 이것은 복음주의적 기독교인에게 국한된 생각이 아니다. 매콜리 경은 의회에서 '10시간 법령'에 대해 이렇게 말했다. "우리는 여러 시대를 거치면서 일주일에 하루를 쉬었습니다. 그로인해 우리는 가난이 아닌 부를 얻었습니다." 글래스톤 수상은 이렇게 믿었다. "일요일을 종교적으로 준수하는 것은 이 나라의 종교적 성격의 주

주일의 의미에 대한 올바른 이해 없이 단지 생명 없는 형식적 태도로 일요일을 지키는 경우도 많았다. 하지만 그 날을 지켜 하나님께 영광을 돌리려고 한 사람들 가운데서 기독교의 가장 생명력 있고 행복한 형태가 종종 발견되는 것이 사실이다. 이는 너무나 명백한 사실이어서 로버트 머레이 맥체인은 다음과 같은 질문을 던졌다.

"당신은 그리스도를 사랑하고 거룩한 삶을 사는 생기 넘치는 신자 중에 주일 전체를 하나님 앞에서 거룩하게 보내는 것을 기뻐하지 않는 사람을 만나본 적 있습니까?"[32]

"그들의 열매로 그들을 알지니"(마 7:16)라는 우리 주님의 말씀은 이 주제와 관련하여 확실히 적실성을 갖는다.

된 받침대이다. 도덕적, 사회적, 물질적 관점에서 볼 때 일요일 준수는 절대적으로 중요한 의무이다."

32. 맥체인 이전에도 많은 스코틀랜드 사람들이 이러한 말을 했다. 예를 들어 존 윌리슨(1680-1750)은 이렇게 말했다. "신앙이 능력 있게 번성하는 곳이면 어디든지 안식일 준수에 관해 세심한 주의를 기울이는 것을 볼 수 있다." *Practical Works of John Willison* (Edinburgh: Blackie, 1844), p. 111.

결론

1. 샤프의 글을 한 번 더 인용하면 다음과 같다.

복음의 시대라고 해서 안식일이 퇴보가 아니며, 오히려 일주
일을 더 높은 평면에 올려놓고, 모든 시간과 일이 거룩하게
바쳐지는 것을 바라보게 한다. 안식일은 외적 의식으로 우리
를 속박하는 율법주의적인 족쇄가 아니며 하나님이 은혜로
베푸신 귀한 선물이자 특권이다. 안식일은 불안정한 이 땅
위에서 살아 가는 우리에게 하나님 안에서 누리는 거룩한
안식을 안겨주며, 하나님과의 교통과 성도의 교제 안에서 얻
는 영적인 생기를 가져다주며, 천국에서 온전히 이루어질 끝

없는 안식을 미리 맛보게 한다.[33]

2. 우리에게는 한 주의 첫날을 그리스도께서 부활하신 날로 기념하며 준수하라는 복음적인 명령이 주어져 있다. 오직 그리스도인만이 이 날을 올바로 지킬 수 있다. 영적인 삶을 살아야 영적인 날을 올바르게 보낼 수 있다. 존 뉴튼은 "안식일의 주인이 없는 자에게 안식일이 얼마나 지루하겠는가?"라고 말했다. 그리스도의 부활과 구속의 사랑을 알기 전에는 그리스도의 날에서 어떠한 기쁨도 발견할 수 없을 것이다. 거듭나지 않은 죄인들은 우리의 선조가 낙원에서 누렸던 하나님 안의 안식을 회복할 수 없다. 필립 헨리가 말했듯이, 거듭난 사람에게는 그 명령이 "쉽고 달콤한 명령"이 된다.[34] '안식'을 얻기 위해 그리스도께 나온 사람들은 찰스 웨슬리와 함께 다음의 찬송을 부른다.

예수님, 당신은 제가 원하는 모든 것이며

---

33. Schaff, *Apostolic Christianity*, p. 479.

34. *The Lives of Philip and Matthew Henry*, J. B. Williams (repr. Edinburgh: Banner of Truth, 1974), vol. 1. p. 373.

당신은 모든 것보다 더 가치 있습니다.

1924년에 에릭 리델은 주일을 지키기 위해서 파리 올림픽 100m 달리기에서 금메달을 딸 기회를 포기했다. 그것은 결코 큰 희생이 아니었다. 그는 이미 훨씬 더 큰 것을 누리고 있었다.

주일을 바르게 이해하면 비그리스도인들에 대한 동정심과 그리스도를 알리고자 하는 열망을 갖게 된다. 제4계명과 무관한 삶은 종종 구원에 장애로 작용한다. 세상을 떠날 준비가 되지 않은 채로 죽어가던 런던의 한 택시 기사는 서글픈 목소리로 "나에게는 일요일이 없었어요."라고 말했다.

물질세계의 창조를 지속적으로 기억하고 기념해야 했다면, 예수 그리스도의 부활로 말미암는 새 창조는 얼마나 더 기억해야 하겠는가. 새 창조 사건을 잊길 원한다면 한 주의 첫날을 거룩하게 지키는 것을 중단하라. 새 창조 사건이 모든 곳에서 알려지고 기억되기를 바란다면 한 주의 첫날을 부활하신 주님을 예배하는 일에 온전히 바치라. 이것은 우리의 구원을 가져 온 그리스도의 부활을 영속적으로 기억하게 하는 하나님의 방법이다.

하나님은 세상에 교회, 성경, 사역, 성례를 보내 주셨다. 하나님은 이런 수단들을 인간의 손에 쥐여 주셨다. 그런데 안식일이 없다면 이러한 수단들은 그 효력을 제대로 발휘하지 못할 것이다. 그런데도 안식일을 인간의 임의의 뜻이나 지혜에 맡기자고 할 셈인가? 그래서는 안 될 것이다. 안식일이 무시되고 태만시되는 곳에서는 사람들에게 빛을 비추고 사람들을 거룩하게 만들기 위해 지정하신 하나님의 수단들이 대개 효력을 발휘하지 못한다는 것을 우리는 경험으로 알 고 있다.[35]

3. 비그리스도인은 주의 날을 지킬 능력이 없다. 하지만 그렇다고 해서 그들의 의무가 조금도 경감되지 않는다. 의

---

35. George W. Bethune, *Guilt, Grace and Gratitude* (repr. Edinburgh: Banner of Truth, 2001), vol 2, p. 487.

무는 도덕법 안에 있는 영원한 원리에 의존한다. 타락한 인간은 십계명 중 단 한 계명도 참으로 지킬 수 없지만, 그럼에도 하나님이 요구하시는 순종을 할 책임을 부담한다.

인간은 제4계명에 대해 적개심을 갖고 있으며 이는 하나님에 대한 적개심에서 비롯된 것이다(롬 8:7). 그리스도께서 율법을 가르치셨듯이 교회도 하나님의 율법을 가르쳐야 한다. 이는 교회의 증언의 중요한 부분을 이룬다. 율법으로 죄를 깨달으며(롬 3:20; 7:7), 죄를 깨닫지 못할 때 회개가 없고, 회개가 없으면 구원도 없기 때문이다. 그러므로 십계명을 무시하는 반율법주의는 성경적인 복음주의에 정면으로 반한다.

4. 하나님의 도덕법은 인류를 위해 존재한다. 따라서 기독교를 고백하는 개신교 국가는 한 주의 첫날 준수를 뒷받침하기 위해 벌금을 부과했다. 하나님을 경외하는 것은 사람들의 웰빙 well-being 을 위해 필요하다. 그리고 하나님을 경외하는 것 안에는 하나님이 지정하신 날을 존중하는 것도

포함되어 있다. 전에는 이런 원리가 국가의 삶 안에 참으로 깊이 심어져 있었다. 그런데 오늘날에는 이것이 완전히 잊혀졌다. 찰스 핫지는 19세기의 미국에 대해 묘사하면서 이렇게 말했다.

기독교는 주의 날에 모든 불필요한 노동이나 사업상의 거래를 금지한다…모든 공공기관은 문을 닫으며, 모든 공식적인 비즈니스 업무는 연기된다. 이 나라 전역에서 하나님의 법과 국법에 의해 사람들은 일주일에 하루를 안식하며 보낸다.[36]

국가는 개인적인 행동에 관여하지 않아야 한다는 주장도 존재하지만, 그런 주장은 이교도의 주장이다. 예를 들어, 안식일과 마찬가지로 결혼에 관한 법은 (최근에 '기독교' 국가에 의해 확인되기 전까지) 창세기 2장에 기초하고 있으며, 정부는 결혼의 법과 안식의 법을 국법으로 확인해야 한다. 하나님과 그분의 십계명을 경멸하는 국가 위에는 하나님의 심판이 임한다. 이것은 성경의 확고한 진리이다. 그러

---

36. Charles Hodge, *Systematic Theology*, vol. 3, p. 344.

한 심판의 가장 흔한 유형은 영적인 축복을 거두시는 것
이다(왕하 36:17-21; 렘 17:27; 애 2:6; 겔 22:26-31). 윌리엄 헤
잇슨은 독일에 만연한 안식일과 신앙의 쇠퇴를 목격하고
서 이렇게 말했다.

"나는 독일로부터 교훈을 얻는다. 스코틀랜드가 안식일을
저버린다면 그와 함께 신앙과 하나님을 저버리게 될 것이
다."[37]

어떤 이는 그리스도인들이 적대적인 세상 속에서 제4계
명을 증언하는 것이 복음전도에 장애가 될 것이라고 말한
다. 하지만 오히려 그 반대가 사실이라는 것이 비극적으로
증명되었다. 라일 주교는 일요일이 다른 날처럼 될 때 잉
글랜드에서 어떤 일이 일어날지 잘 알고 있었다.

지금 일요일을 보호하고 있는 보호벽을 제거해 보라. 그러면
주일학교는 곧 종말을 맞게 될 것이다. 주일에 세속성과 쾌

---

37. *Memoir of W. H. Hewitson*, John Baillie (London: Nisbet, 1874), p. 72.

락 추구의 홍수를 견제 없이 불러들이면 교회들은 점점 줄어들어 없어질 것이다. 지금 이 나라는 신앙 과잉이 아니다. 안식일을 거룩하게 지키는 것을 파괴하면 신앙은 거의 남아 있지 않게 될 것이다…악인들은 그것을 즐거워하겠지만 하나님은 그것을 불쾌하게 생각하시고 모독적이라고 여기실 것이다.[38]

사회의 법은 공중이 주일을 무시하는 것을 단지 억제할 수 있을 뿐이다. 하지만 그렇게 법을 제한적으로 사용하는 것에 반대하는 주장은 아주 어리석은 것으로 판명되었다.

5. 이미 말했듯이, 주일을 어떻게 준수해야 할 것인지에 관해 그리스도인들에게 아무 문제가 없어야 한다. 그들은 주일이 닥치기 전에 그것을 '기억하여' 그날 전에 할 수 있었던 일을 그날로 미루지 않아야 한다. 그들은 그날

---

38. *Knots Untied*, p. 361. 라일은 일요일에 쉬도록 강제하는 법률들이 아무도 그리스도인으로 만들어 주지는 않지만 그날을 특별하게 지키고 교회에 가는 것을 권장하는 면에서 무언가 기여한다는 것을 잘 알고 있었다. 많은 이들이 성경 말씀을 들으러 교회에 나왔으며, 하나님을 향한 공중의 존중심은 오늘날에는 거의 생각할 수 없는 정도로 국가적 삶 속에 퍼져나갔다.

이 여전히 하나님이 일상의 일들로부터 구별하신 '하루'이지 '하루의 일부'가 아니라는 것을 기억해야 한다.[39] '꼭 필요한 일'과 '구제의 일' 외에는 평일의 일들로 마음이 흐트러지지 않고 최대한의 시간을 확보할 수 있게 시간을 배분해야 한다. 공예배에 신실하게 참석하는 것은 물론이고, 개인적인 시간도 독서, 묵상, 기도 등의 영적인 일들을 위해 사용해야 한다. 부활하신 그리스도께서는 밧모 섬의 요한 사도에게뿐 아니라 우리에게도 성령을 주신다.

하지만 주일을 지키는 올바른 방법에는 복잡한 측면이 있다. 우선적인 책임은 가장들에게 있으며(출 20:10), 가장이 자신의 책임을 태만시하는 경우에 신자들은(1세기의 그리스도인 노예들이 그러했듯이) 그런 가정 안에서 시간은 자유롭게 그들 자신의 것이 아님을 발견할 수 있다. 그리고 아

---

39. 월터 스콧 경은 "세상에 일요일의 절반을 내어 주면, 종교가 나머지 절반에 대해서도 거점을 소유하지 못한다는 것을 발견하게 될 것이다." "하루의 일부분이 아니라 하루 전체가 주님의 것이다. 하루의 시간을 반으로 나누어 반만 주님께 드리는 것은 아나니아와 삽비라가 바쳐진 물건을 나누어 일부만 가지고 온 것처럼 위험한 일이다." John Flavel, on the fourth commandment, *Works* (repr. London; Banner of Truth, 1968), vol. 6, p. 234. R. L. 대브니는 죽기 전에 자녀들에게 "안식일 날을 기억하고 거룩하게 지키거라."라는 글이 담긴 편지를 썼다. *Life and Letters of Robert Lewis Dabney*, T. C. Johnson (Edinburgh; Banner of Truth, 1977), p. 523.

직 영적인 일들을 사모하는 심령을 갖고 있지 않은 아이들과 청소년들을 위해서 믿는 부모들은 가정 안에서 무엇을 해야 하는가? 답은 그날을 그들을 위해 최대한 밝고 행복한 날로 만드는 것과 관련이 있다. 또한 그러면서도 하나님이 요구하시는 순종을 태만시하지 않아야 할 것이다. 나이가 들어서 그리스도인이 된 사람들 중에 많은 이들이 진지한 기독교 가정에서 보낸 일요일을 대단한 특권이었다고 회상하였다. 그들은 말뿐 아니라 부모의 모범으로부터 가르침을 받았다.

잘 보낸 안식일은
만족스런 한 주와
내일의 수고를 감당할 힘을 가져다준다
반면에 속되게 보낸 안식일은
세상 속의 무엇을 얻었더라도
확실한 슬픔의 전조이다.

남녀노소를 불문하고 이 땅 위에서의 안식은 하늘에서의 안식을 준비한다.

"안식일을 하늘의 방식으로 거룩하게 보내는 것보다 이 땅 위에서 천국을 더 생생하게 닮은 것은 없다."[40]

"복음 이후에, 안식일의 축복만큼 그렇게 큰 축복은 있을 수 없으며, 안식일이 제공하는 특권만큼 그렇게 큰 특권은 있을 수 없으며, 안식일이 우리에게 가져다주는 존엄함만큼 그렇게 고귀한 존엄함은 있을 수 없다."[41]

---

40. Thomas Brooks, *Works*, vol. 6, p. 112.

41. B. B. Warfield, *Shorter Writings* (Nutley, NJ: Presbyterian and Reformed, 1970) vol. 1, p. 309.

개혁된 실천 시리즈 ─────────

1. 깨어 있음
깨어 있음의 개혁된 실천
브라이언 헤지스 지음 | 조계광 옮김

성경은 모든 그리스도인에게 신분이나 인생의 시기와 상관없이 항상 깨어 경계할 것을 권고한다. 브라이언 헤지스는 성경과 과거의 신자들의 가르침을 바탕으로 깨어 있음의 "무엇, 왜, 어떻게, 언제, 누가"에 대해 말한다. 이 책은 반성과 자기점검과 개인적인 적용을 돕기 위해 각 장의 끝에 "점검과 적용" 질문들을 첨부했다. 이 책은 더 큰 깨어 있음, 증가된 거룩함, 삼위일체 하나님과의 더 깊은 교제를 향한 길을 발견하고자 하는 사람을 위한 책이다.

2. 기독교적 삶의 아름다움과 영광
그리스도인의 삶의 개혁된 실천
조엘 R. 비키 편집 | 조계광 옮김

본서는 그리스도인의 삶에서 정말로 중요한 요소들을 압축적으로 담고 있다. 내면적 경건생활부터 가정, 직장, 전도하는 삶, 그리고 이 땅이 적대적 환경에 대응하며 살아가는 삶에 대해 정확한 성경적 원칙을 들어 말하고 있다.
이 책은 주제들을 잘 선택해 주의 깊게 다루는데, 주로 청교도들의 글에서 중요한 포인트들을 최대한 끌어내서 핵심 주제들을 짚어준다. 영광스럽고 아름다운 그리스도인의 삶의 청사진을 맛보고

싶다면 이 책을 읽으면 된다.

3. 장로 핸드북
모든 성도가 알아야 할 장로 직분
제랄드 벌고프, 레스터 데 코스터 공저 | 송광택 옮김

하나님은 복수의 장로를 통해 교회를 다스리신다. 복수의 장로가 자신의 역할을 잘 감당해야 교회 안에 하나님의 통치가 제대로 편만하게 미친다. 이 책은 그토록 중요한 장로 직분에 대한 성경의 가르침을 정리하여 제공한다. 이 책의 원칙에 의거하여 오늘날 교회 안에서 장로 후보들이 잘 양육되고 있고, 성경이 말하는 자격요건을 구비한 장로들이 성경적 원칙에 의거하여 선출되고, 장로들이 자신의 감독과 목양 책임을 잘 수행하고 있는가? 우리는 장로 직분을 바로 이해하고 새롭게 실천하여야 할 것이다. 이 책은 비단 장로만을 위한 책이 아니라 모든 성도를 위한 책이다. 성도는 장로를 선출하고 장로의 다스림에 복종하고 장로의 감독을 받고 장로를 위해 기도하고 장로의 직분 수행을 돕고 심지어 장로 직분을 사모해야 하기 때문에 장로 직분에 대한 깊은 이해가 필수적이다.

4. 집사 핸드북
모든 성도가 알아야 할 집사 직분
제랄드 벌고프, 레스터 데 코스터 공저 | 황영철 옮김

하나님의 율법은 교회 안에서 곤핍한 자들, 외로운 자들, 정서적 필요를 가진 자들을 따뜻하고 자애롭게 돌볼 것을 명한다. 거룩한 공동체 안에 한 명도 소외된 자가 없도록 이러한 돌봄이 잘 이루어져야 한다. 이 일은 기본적으로 모든 성도가 힘써야 할 책무이지만 교회는 특별히 이 일에 책임을 지고 감당하도록 집사 직분을 세운다. 오늘날 율법의 명령이 잘 실천되어 교회 안에 사랑과 섬김의 손길이 구석구석 미치고 있는가? 우리는 집사 직분을 바로 이해하고 새롭게 실천하여야 할 것이다. 그것은 교회 공동체를 향한 하나님의 거룩한 뜻이다.

5. 목사와 상담
목회 상담의 개혁된 실천
제레미 피에르, 디팍 레주 지음 | 차수정 옮김

이 책은 목회 상담이라는 어려운 책무를 어떻게 수행해야 하는지 차근차근 단계별로 쉽게 가르쳐준다. 상담의 목적은 복음의 적용이다. 이 책은 이 영광스러운 임무를 효과적으로 수행할 수 있도록 첫 상담부터 마지막 상담까지 상담 프로세스를 어떻게 꾸려가야 할지 가르쳐준다.

6. 지상명령 바로알기
지상명령의 개혁된 실천
마크 데버 지음 | 김태곤 옮김

이 책은 지상명령의 바른 이해와 실천을 알려준다. 지상명령은 복음전도가 전부가 아니며 예수님이 분부하신 모든 것을 가르쳐 지키게 하는 것까지 포함하는 포괄적인 명령이다. 따라서 이 명령 아래 살아가고 있는 그리스도인들은 모든 것을 가르쳐 지키게 하는 그러한 시스템을 구축하고 이를 실천해야 한다. 이 책은 예수님이 이 명령을 교회에게 명령하셨다고 지적하며 지역교회가 이 일을 수행할 수 있는 실천적 방법들을 구체적으로 다루고 있다. 삶으로 그리스도를 따르는 제자들로 가득 찬 교회를 꿈꾼다면 이 책이 큰 도움이 될 것이다.

7. 예배의 날
제4계명의 개혁된 실천
라이언 맥그로우 지음 | 조계광 옮김

제4계명은 십계명 중 하나로서 삶의 골간을 이루는 중요한 계명이다. 하나님의 뜻을 따르는 우리는 이를 모호하게 이해하고, 모호하게 실천하면 안 되며, 제대로 이해하고, 제대로 실천해야 한다. 이를 위해 우리는 이 계명의 참뜻을 신중하게 연구해야 한다. 이 책은 가장 분명한 논증을 통해 제4계명의 의미를 해석하고 밝혀준다. 하나님은 그날을 왜 제정하셨나? 그날은 얼마나 복된 날이며 무엇을 하면서 하나님의 복을 받는 날인가? 교회사에서 이 계명은 어떻게 이해되었고 어떤 학설이 있고 어느 관점이 성경적인가? 오늘날 우리는 이 계명을 어떻게 지킬 것인가?

8. 단순한 영성
영적 훈련의 개혁된 실천

도널드 휘트니 지음 | 이대은 옮김

본서는 단순한 영성을 구현하기 위한 영적 훈련 방법에 대한 소중한 조언으로 가득하다. 성경 읽기, 성경 묵상, 기도하기, 일지 쓰기, 주일 보내기, 가정 예배, 영적 위인들로부터 유익 얻기, 독서하기, 복음전도, 성도의 교제 등 거의 모든 분야의 영적 훈련에 대해 말하고 있다. 조엘 비키 박사는 이 책의 내용의 절반만 실천해도 우리의 영적 생활이 분명 나아질 것이라고 한다. 그리고 한 장씩 주의하며 읽고, 날마다 기도하며 실천하라고 조언한다.

9. 힘든 곳의 지역 교회
가난하고 곤고한 곳에 교회가 어떻게 생명을 가져다 주는가
메즈 맥코넬, 마이크 맥킨리 지음 | 김태곤 옮김

이 책은 각각 브라질, 스코틀랜드, 미국 등의 빈궁한 지역에서 지역 교회 사역을 해 오고 있는 두 명의 저자가 그들의 실제 경험을 바탕으로 쓴 책이다. 이 책은 그런 지역에 가장 필요한 사역, 가장 효과적인 사역, 장기적인 변화를 가져오는 사역이 무엇인지 가르쳐준다. 힘든 곳에 사는 사람들을 긍휼히 여기는 마음이 있다면 꼭 참고할 만한 책이다.

10. 생기 넘치는 교회의 4가지 기초
건강한 교회 생활의 개혁된 실천
윌리엄 보에케스타인, 대니얼 하이드 공저 | 조계광 옮김

이 책은 두 명의 개혁과 목사가 교회에 대해 저술한 책이다. 이 책은 기존의 교회성장에 관한 책들과는 궤를 달리하

며, 교회의 정체성, 권위, 일치, 활동 등 네 가지 영역에서 성경적 원칙이 확립되고 '질서가 잘 잡힌 교회'가 될 것을 촉구한다. 이 4가지 부분에서 성경적 실천이 조화롭게 형성되면 생기 넘치는 교회가 되기 위한 기초가 형성되는 셈이다. 이 네 영역 중 하나라도 잘못되고 무질서하면 그만큼 교회의 삶은 혼탁해지며 교회는 약해지게 된다.

11. 북미 개혁교단의 교회개척 매뉴얼
URCNA 교단의 공식 문서를 통해 배우는 교회개척 원리와 실천
URCNA 선교위원회 편찬 | 김태곤 옮김

이 책은 북미연합개혁교회(URCNA)라는 개혁 교단의 교회개척 매뉴얼로서, 교회개척의 첫 걸음부터 그 마지막 단계까지 성경의 원리에 입각한 교회개척 방법을 가르쳐준다. 모든 신자는 함께 교회를 개척하여 그리스도의 나라를 확장해야 한다.

12. 아이들이 공예배에 참석해야 하는가
아이들의 예배 참석의 개혁된 실천
대니얼 R 하이드 지음 | 유정희 옮김

아이들만의 예배가 성경적인가? 아니면 아이들도 어른들의 공예배에 참석해야 하는가? 성경은 이에 대해 무엇을 말하는가? 아이들의 공예배 참석은 어떤 유익이 있으며 실천적인 면에서 주의할 점은 무엇인가? 이 책은 아이들의 공예배 참석 문제에 대해 성경을 토대로 돌아보게 한다.